Corinna Thiel

Die weibliche Urkraft wiedererwecken

W0041387

Corinna Thiel

Die weibliche Urkraft wiedererwecken

///////////////////////////// SILBERSCHNUR ❦ VERLAG

Copyright © Verlag »Die Silberschnur« GmbH

ISBN: 978-3-89845-435-3

1. Auflage 2014

Gestaltung: XPresentation, Güllesheim; unter Verwendung verschiedener Motive von www.fotolia.de: © Yang MingQi, © Terrapanthera; und www.shutterstock.com: © Kletr
Druck: Finidr, s.r.o. Cesky Tesin

Verlag »Die Silberschnur« GmbH
Steinstraße 1 · D-56593 Güllesheim
www.silberschnur.de · E-Mail: info@silberschnur.de

Inhalt

In Liebe und Dankbarkeit
für PuM

Einführung

Dieses Buch will den Frauen Hilfe anbieten, die sich auf den Weg der eigenverantwortlichen Entwicklung gemacht haben, die Änderungen in ihrem Leben und Alltag vollziehen möchten, um sich ein glücklicheres, erfüllteres Dasein zu schaffen. Es ist den Frauen gewidmet, die sich ihr eigenes Leben kreieren und ihre Lebensumstände verbessern möchten – Frauen, die sich von ihren Rollen und Mustern lösen möchten, um zu erfahren, was es heißt, im Einklang mit sich selbst zu leben, das Geschenk des Daseins anzunehmen und zu feiern. Dies geschieht in Rückbesinnung auf die alten Fähigkeiten und Kräfte, die dem Weiblichen innewohnen, um aus diesem alten Wissen Kraft und Energie für die Gestaltung der Gegenwart und Zukunft zu schöpfen.

Um diesen Frauen zu helfen, haben sich verschiedene weibliche Energien bereiterklärt, Botschaften zu übermitteln – Botschaften, die tiefe Wahrheiten des weiblichen Seins an die Oberfläche bringen, um gehört, beachtet und gelebt zu werden. Es sind Botschaften, die als liebevolle Begleitung gelesen und angenommen werden können, als Ratschläge, Hilfestellungen und neue Perspektiven in einem Alltag, der von Frauen mehr verlangt als in vergangenen Jahrhunderten. Denn sie müssen und wollen sich heute in einem von männlichen Energien geprägten Umfeld behaupten – und zahlen dafür oft einen hohen Preis: den Verlust der Weiblichkeit.

Für die Frauen, die wissen, dass es nicht weiter gut gehen kann, wenn sie ihre weibliche Seite unterdrücken, sind diese Botschaften übermittelt worden, um ein besseres Verständnis für sich selbst, für die eigenen Bedürfnisse und für die jeder Frau innewohnende Stärke zu erlangen. In den Texten wird aufgezeigt, wie dies alles mithilfe der urweiblichen Prinzipien noch optimiert werden kann.

Als Abschluss jeder Botschaft ist eine Affirmation übermittelt worden, die es jeder Leserin ermöglicht, den Kontakt zu den weiblichen Energien herzustellen und zu vertiefen, um die Verbindung zu ihnen zu stärken.

Gaia

*I*ch bin die Kraft, zu der ihr am leichtesten Kontakt aufnehmen könnt. Denn ich bin um euch, in euch. Ich nähre euch, bewahre eure natürlichen Zusammenhänge. Ich bin immer da. Ich bin sogar greifbar. Sichtbar. Erfahrbar.

Ich bin der Ursprung allen Lebens, gebe Leben, so wie nur ihr in der Lage seid, Leben zu schenken. In euch liegt schöpferische Kraft. Frauen schaffen Dinge. Sie errichten

Netze des Austauschs. Sie weben das Geflecht sozialer Kontakte. Sie verbinden Menschen, tauschen sich aus, unterstützen sich gegenseitig.

Ihr seid die Bewahrerinnen dieser Kraft. Ihr seid es, die hegen und pflegen. Nicht nur den Nachwuchs, sondern jegliches Wachstum in eurer Umgebung. Das eigene oder das, das euch umgibt. In der Natur, in der Entwicklung eures Umfeldes. Ihr steht im regen Kontakt miteinander. Und das ist gut so.

An meinem Beispiel seht ihr, wie stark ihr seid. Es mag sein, dass über euch bestimmt wird. Dass ihr als Besitz betrachtet werdet. Dass man euch in eine bestimmte Form drängen will. Dass man Nutzen aus euch zieht. Dass man eure Erfolgsquote steigern, euch dienstbar machen will. Und dabei habt ihr noch hübsch auszusehen. So wie ich. Denn nur Natur, die die Menschen unter Kontrolle zu haben glauben, scheint vertrauenswürdig. Vor der Urgewalt meines natürlichen Zustandes herrscht in eurer Zeit Furcht. Daher versucht ihr, mich zu zähmen. So wie man versucht, euch einzuengen und vom Ursprung eurer Kraft abzuschneiden. Doch es liegt an euch, inwieweit ihr das weiter zulasst.

Wie auch ich zurzeit korrigiere, was mir zugemutet wurde und wird, ist es an der Zeit, dass ihr eure Grenzen zieht und deutlich macht, dass ihr eigenständig seid.

Dass ihr Lebewesen seid, die sich nicht länger ausbeuten lassen wollen, die nicht länger an die Grenzen der eigenen Kräfte gebracht werden wollen. Lebewesen, denen Ruhepausen zustehen, nachdem große Leistungen vollbracht wurden, die sich zurückziehen müssen, um wieder in die alte Kraft zurückzufinden. Denn Regeneration ist äußerst wichtig.

Wie in der Natur gibt es Phasen im Dasein jeder Frau, die beachtet werden wollen, wie die Zeit des Säens, des Erntens, des Nachsorgens, der Vorsorge und der Ruhe. Im Kleinen wie im Großen. Die Phasen beschränken sich nicht auf die Lebenszeitalter, sondern jedes Vorhaben, jedes Projekt sollte nach diesen natürlichen Regeln angegangen werden. Behaltet dies in eurem Bewusstsein.

Ihr seid Frauen und unterliegt damit einem anderen Rhythmus, einer anderen Strategie, einer anderen Vorgehensweise als Männer. Ihr dürft euch Zeit lassen. Ihr dürft euch treiben lassen, ohne das Ziel dabei aus den Augen zu verlieren. Ihr dürft Varianten betrachten, Ideen entwickeln und verwerfen, spielerisch mit einem Thema umgehen. Wie es euch beliebt. Weiblichkeit ist fließend, weich, aber stetig strömend. Die Natur kennt keine geraden Wege. Seht es an mir. Kein natürlich fließendes Gewässer nimmt den geraden Verlauf – und es kommt doch immer zum Ziel.

Und wenn ein Vorhaben gelungen ist, nehmt euch die Zeit, euch dafür zu loben und anzuerkennen. Lasst auch eine gewisse Zeit zwischen dem abgeschlossenen und dem nächsten Projekt vergehen, um wieder in euren ursprünglichen kraftvollen Zustand zu gelangen sowie aus der Quelle eures Seins zu schöpfen.

Um euch zu stärken, könnt ihr euch gerne an mich wenden. Ihr braucht nur euer Haus, eure Wohnung zu verlassen und mir bewusst gegenüberzutreten. Ihr könnt mich betrachten. Eingehend. Meine Arbeit und Vorgehensweise studieren. Wie ich vorgehe, wenn ich etwas Neues schaffe. Wenn etwas aus mir hervorgebracht wird.

Genauso wird eine Idee, die wie ein Samenkorn in die fruchtbare Erde gelegt wird, erst in Dunkelheit gepflegt. Sie wird genährt, damit sich Wurzeln bilden können, die der Idee Halt geben. Dann bildet sich ein Keim, der seinen Weg an die Oberfläche findet. Ganz allein. Mit der nötigen Hege, wenn ihr eurer Idee Pflege zukommen lasst. Ihr kennt noch nicht den genauen Weg, aber die Richtung – wie der Keim, der sich seinen Weg durch das Erdreich bahnt. Und dann ist es so weit – der Keimling bricht durch die Erdoberfläche. Er bekommt Licht. Und nun kann eure Idee, die instinktiv geleitet wurde, nach dem natürlichen Gesetz des Lebens klarere Gestalt annehmen. Sie wächst, bildet Zweige und es kann sein, dass die Pflanze, die entsteht, beschnitten werden muss, um eine klare Wachstumsrichtung einzuschlagen und um letztlich Früchte zu tragen. Aber sie kann auch frei und wild wachsen, wenn das eurem Wunsch entspricht. Auch das ist in Ordnung. Es hängt alleine davon ab, was für eine Pflanze ihr groß-ziehen möchtet.

Es ist möglich, mich bei euren Projekten um Hilfe zu bitten, eure Last und Sorgen an mich abzugeben. Ich kann sie transformieren, so dass ihr Raum für neue Kraft habt beziehungsweise verbrauchte Energie in frische um-wandeln könnt. Ihr geht auf mir, ihr setzt eure Füße auf meinen Rücken. Ihr verbindet euch durch die Füße mit mir. Werdet euch dieser Verbindung bewusst. Und be-wegt euch einmal abseits der asphaltierten, betonierten, gekiesten Wege. Dann kann unsere Verbindung beson-ders verstärkt werden. Geht wieder einmal barfuß, und spürt den Untergrund deutlich unter euren Füßen. Spürt das Leben, das unter euch stattfindet. Die Kraft, die in den Schichten ruht, die euch zur Verfügung steht, wenn ihr sie in euch leitet. Und das geht ganz einfach vonstatten: Stellt euch vor, Wurzeln zu haben, die sich durch eure Füße in mein Erdreich senken. Wurzeln, die aus mir Kraft ziehen – hinauf in eure Körper. In jeden Bereich. In jedes Gelenk, jeden Muskel, jedes Organ, jede Blutbahn und Faser. Stellt es euch bildlich vor. Spürt die Kraft, die in euch eindringt, sich fortbewegt in euch und euch rundum versorgt – bis in die Fingerspitzen, bis in die Haarwur-zeln.

Und durch die gleichen Wurzeln, die ihr euch an euren Füßen vorstellt, gebt ihr an mich ab, was euch belastet – körperlich oder gedanklich. Tut dies ganz bewusst. Lenkt den Ballast, wo er auch sitzt – das spürt ihr –, durch euren Körper bis zu den Füßen und durch die Wurzeln hinaus. Bittet mich, eure Altlasten in positive Energie zu transformieren, damit sich das, was ihr aus mir zieht, regeneriert. Damit ich nicht nur Altlasten und Negativität in mir trage, sondern immer neu und unendlich Unterstützung in Form von natürlicher positiver Energie für euch bereitstellen kann.

Ihr könnt auch Erde oder Sand in eure Hände nehmen und auf die gleiche Art vorgehen wie mit den Füßen. Das steht euch frei.

So entsteht ein Austausch zwischen uns. Der Kontakt vertieft sich genauso wie euer Verständnis für mich. Eure Achtung vor mir. Und das gibt mir Stärke für alles, was vor uns liegt.

Affirmation

Gaia, ich danke dir, dass du mütterlich für mich sorgst, mir Beispiel und Vorbild bist. Dass du mir deine Kraft zur Verfügung stellst und deine Fähigkeit zur Transformation für mich nutzbar machst. Ich spüre deine Stärke durch die Erde, die unter meinen Füßen liegt. Ich spüre deine Stärke in der Erde, die ich in der Hand halte. Reinige mich. Führe mich zu meinem schöpferischen Potenzial. Mach es mir nutzbar. Und ich danke dir, dass du jeden Tag für mich sichtbar bist, wenn ich nur die Augen und meine Sinne öffne. Wir sind eins.

Maria

Mütterlichkeit ist mein Attribut. Meine Stärke. Aber diese Stärke bezieht sich nicht nur auf Kinder im Sinne von Nachfolgeschaft, Nachkommen. Meine Qualität steht euch allen zur Verfügung. Denn ihr alle steht in Kontakt mit anderen Menschen. Und ihr alle habt mehr oder weniger die Aufgabe übernommen, euch um jemand anderen zu kümmern. Ihr habt sie unter euren Schutz gestellt – andere Menschen, die ihr an eurer Kraft, eurem

Wissen teilhaben lasst. In welcher Form auch immer – ihr sorgt für sie, steht ihnen zur Seite. Da ihr die Kraft dafür habt. Und diese Kraft liegt im Herzen.

Falls ihr spürt, dass ihr mit eurer Aufgabe überlastet seid, dass die Fürsorge eure Grenzen überschreitet, an eure eigene Substanz geht, dann wendet euch an mich.

Ich stelle euch alles zur Verfügung, was ihr benötigt, um im täglichen Miteinander ruhig und gelassen an eure Aufgaben gehen zu können.

Eine Mutter schenkt Liebe, ich schenke Liebe – und zwar ohne Ansprüche an den anderen zu stellen. Ohne etwas zu erwarten. Und ohne etwas zu bewerten. Ohne den anderen mit der Liebe zu ersticken oder ihm zu viel zuzumuten. Der andere bleibt immer eigenständig und selbstständig. Er darf wissen, dass ihr ihm zur Seite steht, ihm helft. Dass ein steter Strom von Liebesenergie zu ihm fließt, dass er aber darüber bestimmt, ob er ihn annimmt und in welchem Maß.

Ihr seid da. Auch wenn der andere sich für etwas entscheidet, was ihr – von eurem menschlichen Ego aus betrachtet – nicht gutheißen würdet. Dennoch seid ihr da. Stärkt der Person den Rücken und gebt Trost, wenn es nötig ist, ohne dabei an eure eigenen Erfahrungen zu denken, ohne eure eigene Lernaufgabe dort mit einzubinden.

Denn sonst verunreinigt ihr die Erfahrung des anderen. Wenn ihr natürlich gebeten werdet, von eurem Gelernten zu berichten, dann dürft ihr dies tun.

Macht die Probleme der anderen aber nicht zu euren eigenen. Das ist unnötige Kraftverschwendung. Denn die Person gibt an euch ab, was sie selbst zu lösen hätte. Und das ist nicht der Sinn eurer Lebenserfahrung.

Wenn es euch also zu viel wird, atmet tief durch und denkt an mich. Spürt meine Gegenwart in euren Herzen. Spürt die Wärme, die sich ausbreitet, wenn ihr an mich denkt. Es gibt genug bildhafte Darstellungen von mir, falls ihr ein Bild benötigt. Vielleicht gefällt euch eines besonders, und dieses stellt ihr euch dann vor. Und dann lenkt dieses Bild oder das Wärmegefühl aus eurem Herzen in die Herzgegend der Person, um die ihr euch kümmert. Sprecht dabei aus, was ihr von mir wünscht – ob ihr das Problem an mich abgeben wollt oder ob ich die Person energetisch unterstützen soll, zu ihrem Wohl und in dem Maß, das sie bereit ist anzunehmen.

Das Gleiche gilt natürlich für euch selbst, denn häufig ist es so, dass ihr euch gut um andere kümmert, aber nicht um euch selbst. Dabei besitzt ihr selbst die mütterliche Energie, die für euch sorgt. Ihr braucht sie nur wieder für euch zu erwecken. Dafür stehe ich euch zur Seite. Wendet euch an mich, wenn ihr etwas benötigt – egal in welchem

Lebensbereich. Ich kenne Schmerz. Ich kenne Verlust. Aber ich kenne auch die Liebe und die göttliche Kraft. Und daraus schöpft mein Urvertrauen, das ihr durch mich auch für euch erlangen könnt. Urvertrauen, dass alles richtig ist, wie es ist. Urvertrauen, dass Hilfe gegeben wird, wenn darum gebeten wird. Urvertrauen in die eigenen Stärken. Urvertrauen in die verändernde Kraft der Herzensenergie.

Mit dieser Kraft kann alles geändert, verbessert, erleichtert werden. Denn die Urangst, nicht geliebt zu werden, nicht liebenswert zu sein, steckt oft tief in euch fest und blockiert euer Wachstum. Doch wenn ihr euch erlaubt, meine Liebe zu fühlen, für die ihr euch nicht anstrengen müsst, die nichts von euch erwartet, dann befreit ihr euch. Ihr befreit euch von der Last der Erwartungen, des Gefallenwollens und -müssens, von dem Zwang, Aufmerksamkeit zu erregen, um beachtet zu werden. Ich beachte euch! Ich bin für euch da! Ich höre euch! Ich sehe euch! Und ich bringe euch Trost und Linderung, wenn ihr euch dazu bereiterklärt. Und eure Bereitschaft zeigt ihr mir, indem ihr eure Herzen für mich öffnet.

Affirmation

Liebe Maria, Hüterin der mütterlichen Kraft!
Ich bitte dich jetzt, für mich da zu sein. Ich
bitte dich, mich deine Gegenwart und un-
endliche Liebe spüren zu lassen und mir dabei
zu helfen, mein Herz für diese Energie zu öffnen, damit ich sie annehmen kann in ihrer
Unendlichkeit. Ich will mich würdig fühlen
und nicht darüber urteilen. Berühre mich und
stärke mich! Und ich danke dir, dass du dich
zur Verfügung stellst, um mir meine Lasten
abzunehmen, so dass ich unbeschwert eine
neue Richtung einschlagen kann.

Isis

Mich kennt ihr aus der uralten Zeit, aus Mythen und Erzählungen. Meinen Kult gibt es in eurer Zeit nicht mehr. Und dennoch stehe ich euch nach wie vor mit meiner Macht und Kraft zur Verfügung.

Ihr habt mich immer mit Flügeln dargestellt. Und diese Flügel stehen für unterschiedliche Funktionen. Zum einen tragen sie mich in verschiedene Dimensionen des Seins, und wenn ihr euch an mich wendet, nehme ich euch mit auf die Reise in euch unbekannte Gebiete eurer Seelengeschichte. Da ihr dabei von mir getragen werdet, kann euch nichts geschehen. Ich zeige euch Formen, Erinnerungen an eure früheren Leben, wenn diese eine Bedeutung für euer heutiges Dasein haben, so dass ihr aus diesen Reisen Erkenntnisse gewinnen könnt, die die Probleme in eurem heutigen Alltag beseitigen können. Ich zeige euch Erfahrungen, Schwüre, Versprechen, Verträge, Erlebnisse, die bis in eure jetzige Daseinsform schwingen und diese beeinflussen und euch meist blockieren.

Wenn ihr also das Gefühl habt, dass euch Erfahrungen, Entscheidungen oder Verhaltensweisen nur behindern, ihr aber keine andere Handlungsmöglichkeit seht als die, die ihr immer wählt, dann ruft mich an. Wendet euch an mich und bittet mich, euch zu zeigen, woher die Verhaltensmuster stammen, die euch an eurem Weiterkommen hindern. Tut dies in meditativer Haltung. Geht in die Stille, da wir gemeinsam eine Reise in euer Unterbewusstsein unternehmen.

Wenn ihr mich gerufen habt, werde ich euch ein Ankh-Zeichen in die Hand geben. Haltet dieses fest, denn es ist der Schlüssel zu eurem Sein – zu jeder erlebten Zeit – und zu eurem Herzen. Ihr braucht es, um euch auf der Reise nicht zu verlieren. Damit ihr an das heutige Sein angeschlossen bleibt. Das soll euch nicht ängstigen, sondern euch nur verdeutlichen, wie tief wir in eure Seelenge-schichte reisen, wenn ihr es wollt.

Wenn ihr eure Wahl getroffen habt zu sehen, was in eurer Seelengeschichte geschah, zeige ich euch die Bilder, gebe euch den Text oder reiche euch eine andere Metho-de, mit der ihr die Erinnerung wachwerden lassen könnt. Und ich bin die gesamte Zeit an eurer Seite. Sollten euch bei der Erinnerung also Schmerz, Scham, Schuld oder ähnliche Gefühle überkommen, dann seht auf das Ankh. Seht auf mich. Denn es geht nicht darum, die alten Erleb-nisse erneut durchzustehen, sondern lediglich darum, sie zu sehen und zu erkennen, was euch noch heute daran bindet – um es dann aufzulösen.

Was damals nicht anders geschehen konnte, kann heu-te geheilt werden – aus einer neuen Perspektive, aus einer neuen Kraftposition heraus. Und auch dafür könnt ihr euch an mich wenden. Ich habe die Kraft, aus zerteilten Stücken, Erlebnissen und Seelenteilen wieder eine geheilte Einheit herzustellen, wenn ihr mir diese Teile übergebt, anvertraut und mich bittet, sie zu neuer Kraft und Stärke zusammenzufügen – für euch, damit sie euch nützlich sind. Dann breite ich meine Schwingen darüber und lasse meine Kraft in die Einzelteile fließen. So wie ich es schon einmal tat. Ich schaffe aus scheinbar unwiederbringlich Zerstörtem etwas Neues, Heiles, Ganzes.

Wenn ihr euch also zerbrochen, aufgelöst, aus eurer Mitte gerissen fühlt, dann wendet euch an mich, denn ich kann euch zu eurem Zentrum führen, euch wieder zusammenfügen. Wenn ihr es wollt! Denn auch dazu dienen meine Flügel: um euch darunter Schutz zu geben. Ich lege sie um euch, über euch, wie ihr es wünscht, wie es euch guttut. Ich biete euch dadurch einen geschützten Raum nur für euch selbst, in dem ihr Zeit habt, euch nur um euch zu kümmern, euch zu entspannen und nur auf eure innere Stimme zu hören, in Ruhe, abgeschirmt vom Alltag – wenn ihr dies nur zulasst …

Wann habt ihr euch zuletzt getragen, gehalten, geschützt gefühlt? Mit mir an eurer Seite könnt ihr euch diesen Zustand zu jeder Zeit in euer Leben holen.

Affirmation

Isis, Göttin der uralten Zeit, Schöpferin neuer Kräfte und neuen Lebens, sei bei mir und steh mir zur Seite. Breite die Schwingen der Liebe und des Schutzes über mir aus. Umgib mich mit deiner Stärke. Zeige mir, was in mir ruht. Zeige mir, was ich ändern kann, und hilf mir dann, diesen Weg zu gehen. Neuschöpfung. Erneuerung. Mut. Dies möchte ich mit deiner Hilfe erlangen. Führe mich, begleite mich. Und ich danke dir, dass deine Flügel immer schützend um mich gelegt sind, wenn ich es mir wünsche.

Kali

Feuer. Eines der Elemente, dem ihr ein zerstörerisches Potenzial zuordnet. Es ist das Element, vor dem ihr euch oft ängstigt. Denn wenn es ungezügelt, unkontrolliert ausbricht, verschlingt es alles, was sich ihm in den Weg stellt. Ihr betrachtet aber nur die Zerstörung und das, was verloren geht. Ihr richtet euren Blick nicht auf das, was nach dem Feuer entsteht. Diesen Aspekt ignoriert ihr oft. Ein menschliches Verhalten. Eine Angewohnheit, die ihr mit meiner Hilfe aufgeben könnt.

Ich bin die Hüterin des Feuers. Ihr nennt mich »die Zerstörerin«. Aber durch das, was zerstört wird, wird Platz geschaffen für Neues. Ich bin also auch »die Erneuerin«. Und es ist oft wichtig, dass alles Alte aufgelöst, ausgelöscht wird, damit ihr nicht mehr daran festhalten könnt. Denn euer Sicherheitsdenken blockiert euch häufig bei Neuanfängen. Ihr wollt euch eine Hintertür offen lassen, die Möglichkeit haben, zu dem zurückzukehren, was ihr hattet. Ihr wollt das Bekannte weiterhin spüren können.

Ich biete euch die radikale Möglichkeit, alles neu zu ordnen.

Sich meiner Kraft anzuvertrauen, erfordert Mut. Und für die, die wissen, welchen Lebensweg sie für die Zukunft wählen, bin ich die richtige Unterstützerin. Denn das Feuer läutert, schafft Klarheit. Die Asche, die nach dem Feuer zurückbleibt, ist der Nährboden für das, was kommt. In der Asche ist zudem gespeichert, was für euch wichtig ist, und aus ihr entsteht, was ihr Neues braucht. Sie enthält die Informationen, die für euren neuen Lebensabschnitt wichtig sind. Denn natürlich hat eure Vergangenheit Einfluss auf eure Zukunft – insofern, dass sie den Nährstoff, den Nährboden bietet, der darüber bestimmt, was in eurer Zukunft wachsen kann und soll. Aber auch ihr bestimmt darüber. Ihr bestellt das Feld. Ihr sät und erntet, was ihr euch vorgenommen habt.

Gebt an mich ab, was ihr aufgelöst haben möchtet. Wovon ihr euch verabschieden wollt. Für immer. Die Kraft des Feuers transformiert, was ihr in die Flammen gebt.

Sind es Gegenstände, so müsst ihr sie nicht wirklich verbrennen. Aber in dem Moment, in dem ihr sie wegwerft, verbindet euch mit mir. Und übergebt sie meiner Kraft. Bittet mich, euch energetisch und gedanklich von diesen Gegenständen zu lösen, damit sie nicht länger mit euch verbunden sind und ihr später nicht mit Bedauern an sie zurückdenkt. Sie sollen ganz und gar von euch und eurem Besitz getrennt werden. Und bittet, solltet ihr noch keinen »Ersatz« haben, dass zu euch kommt, was für euch vorgesehen ist. Bei Gedanken und Emotionen schreibt auf Papier, wovon ihr befreit werden möchtet – mit dem Ziel: »Dies hat nicht länger Macht über mich.« Schreibt nieder, was ihr aus eurem Leben entfernen wollt.

Wenn ihr fertig seid, macht euch klar, was ihr Neues in eurem Dasein haben möchtet und womit ihr die Asche, den Boden, düngen könnt, damit die Nährstoffe optimal wirken und das Wachstum unterstützen. Denn euer Zutun ist erforderlich. Es bedarf eurer Mithilfe.

Wenn ihr alles niedergeschrieben habt, sucht euch ein feuerfestes Behältnis. Bevor ihr ein Streichholz entzündet, wendet euch an mich:

»Kali! Hüterin der Flamme! Mutter der Transformation und Veränderung! Ich übergebe dir und den Flammen der Neuschöpfung alles, was ich jetzt loswerden möchte. Ich vertraue auf die Kraft des Feuers. Ich vertraue auf die Kraft der Erneuerung. Das Ende ist immer ein Anfang. Hilf mir bitte bei meinem Prozess der Erneuerung.«

Dann entzündet das Papier und lasst es in dem Gefäß gänzlich zu Asche verbrennen. Entsorgt die Asche in dem Bewusstsein, dass ihr etwas von euch loslasst, dass ihr einen Neubeginn wagt. Geht also behutsam damit um. In Achtsamkeit.

Solltet ihr völlig das Gefühl dafür verloren haben, was euch an alten Dingen, Gewohnheiten, Gedanken und Emotionen blockiert, so könnt ihr euch an mich wenden. Ich kann euch darauf aufmerksam machen, was losgelassen werden kann. Ich kann euch zeigen, wo ein frischer Wind vonnöten ist, um euer Leben wieder in kraftvollen Schwung zu bringen.

Wer oder was hindert euch daran vorwärtszukommen? Wo stört das Ego die Weiterentwicklung? Wie arbeiten Verstand und Ego zusammen, um die Kontrolle zu behalten? Wendet euch an mich, denn ich stehe bereit, um zu helfen.

Affirmation

Kali, Meisterin der Vielfalt, hilf mir bitte zu erkennen, wo ich ansetzen sollte, um mein Leben in die Richtung zu verändern, die jetzt richtig für mich ist. Zeige mir, welche Gedanken, Gefühle, Erfahrungen, Personen und Muster dazu beitragen, dass ich so bleibe, wie ich bin, obwohl mein Innerstes eine Neuerung wünscht. Gib mir die Kraft und Unterstützung, die Blockaden zu erkennen und sie dann dem reinigenden Feuer anzuvertrauen – mit deiner Hilfe und Stärke. Danke!

Rowena

*A*uch ich stelle mich gerne zur Verfügung, um euch zu helfen, euer Leben in eine andere Richtung zu lenken. Das menschliche Leben ist ein Wunder, ein Zauber, der nicht als selbstverständlich betrachtet werden sollte. Es ist ein Geschenk und gleichzeitig euer eigener Entschluss, hier zu sein. Ihr habt euch entschieden, jetzt, zu diesem Zeitpunkt auf der Erde zu sein. Denn ihr habt etwas vor. Ihr habt euch etwas vorgenommen für die Zeit auf Erden.

Ihr wollt Erfahrungen sammeln, um euren Horizont zu erweitern und zu wachsen an dem, was ihr erlebt, erfahrt, erlernt. Erfahrungen und Wachstum. Es geht um Neugier. Ausprobieren. Das spielerische Umgehen mit dem Leben. Ihr wolltet erkennen, dass das irdische Leben keine Last ist, sondern Lust. Lebenslust.

Habt ihr wirklich vergessen, wie es ist, einfach nur zu sein und zu feiern, dass ihr am Leben seid? Dass euch ein Körper gegeben wurde? Er ist ein Wunderwerk, das täglich, stündlich, minütlich, sekündlich für euch arbeitet und euch am Leben hält! Geht achtsam mit ihm um! Bedankt euch bei ihm für seine Leistung! Schadet ihm nicht! Tut ihm Gutes. Hört auf ihn, denn er gibt euch Zeichen, wenn etwas nicht in Ordnung ist.

Das soll nicht heißen, dass ihr nun angespannt auf ein alarmierendes Zeichen warten sollt. Aber achtet darauf, wenn etwas schmerzt, grummelt, nicht im Einklang ist. Geht nicht darüber hinweg. Greift nicht gleich zu einem Mittel, das das Zeichen unterdrückt, denn damit wird nicht behoben, was im Ungleichgewicht ist.

Wann habt ihr euch das letzte Mal klargemacht, mit welch wundervollen Sinnen ihr ausgestattet wurdet? Und wann habt ihr sie das letzte Mal bewusst eingesetzt, erlebt, erforscht? Ihr seht, hört, schmeckt, riecht und tastet täglich. Aber wann habt ihr das letzte Mal **bewusst** die Sinnesorgane benutzt? Macht es euch zum Vergnügen, jedem Sinnesorgan einmal wieder eure volle Aufmerksamkeit zu schenken und ihm für seine Arbeit zu danken.

Betrachtet etwas, was euch wohl gefällt, mit ganzer Konzentration. Nehmt die Schönheit wahr. Die Formen, die Muster, die Farben. Seht es euch von ganz nah und von ganz fern an. Was verändert sich? Spielt mir euren Augen. Schaut nach unten und nach oben, zur Seite – nach links und nach rechts –, ohne den Kopf zu bewegen.

In eurer Zeit ist es kaum noch möglich, Stille zu genießen, den Ohren eine Pause zu gönnen. Versucht es einmal. Lasst den Fernseher und das Radio aus, die Hintergrundmusik. Dann fällt es euch leichter, wieder eure innere Stimme zu hören – und damit ist nicht das Gedankengeplapper gemeint, das euren Kopf durchströmt. Versucht es. Probiert es aus. Und genießt es. Auch die Natur ist ein schöner Ort, um den Ohren eine andere Geräuschkulisse zu bieten. Und die Laute der Natur werden euer Innerstes berühren und Gefühle an die Oberfläche lassen, die fast vergessen schienen.

Ihr esst täglich, doch schmeckt ihr noch? Meist dient eure Nahrungsaufnahme der Sättigung, die ihr auch oft schnell hinter euch bringen wollt. Nehmt euch Zeit. Versucht, ein Stück Obst oder Schokolade oder was ihr sonst mögt bewusst zu euch zu nehmen. Wie fühlt es sich auf der Zunge an? Wie am Gaumen? Wie breitet sich der Geschmack aus? Welche Bereiche werden abgedeckt? Ist es süß? Sauer? Bitter? Fruchtig? Erfrischend? Sahnig? Scharf? Salzig? Und was gefällt euch daran?

Gleichzeitig ist der Geruchssinn aktiv. Was riecht ihr? Gefällt euch der Duft? Was verbindet ihr mit dem Geruch? Löst er etwas Angenehmes aus? Weckt er eine Erinnerung in euch? Ist die Erinnerung gut oder nicht so schön? Versteht den Zusammenhang!

Und dann das Tasten, das Fühlen, Berührung. Berührt Gegenstände und fühlt ihre Oberfläche, die Beschaffenheit, Stofflichkeit. Fühlt das Leben darin. Welche Formen gefallen euch? Was schmeichelt der Hand, den Fingern? Was fühlt sich gut an?

Genießt bewusst, wozu ihr fähig seid, was ihr wahrnehmen könnt. Nehmt euch Auszeiten aus der Reizüberflutung, die euer tägliches Leben bestimmt. Seid euch darüber im Klaren, dass sonst eine Abstumpfung der Sinne erfolgen kann. Und das wäre Verschwendung. Denn ihr seid hier, um auch den euch gegebenen Körper zu genießen.

Ihr wisst, was euch guttut. Ihr seid für euer Wohlbefinden verantwortlich. Ihr seid es, die sich zugestehen, was ihr tut und was nicht. Ihr seid nicht fremdbestimmt. Ihr trefft täglich Entscheidungen zu eurem Wohl oder Unwohl. Niemand zwingt euch zu etwas. Ihr habt immer die Wahl. Behaltet das im Bewusstsein. Denn das erleichtert euer Sein.

Ihr seid frei. Freie Wesen in einem freien Leben. Denn das habt ihr für euch gewählt.

Lasst nicht zu, dass jemand anders die Kontrolle über euch übernimmt oder für euch entscheidet unter dem Deckmantel des vermeintlichen Wohlwollens. Macht euch klar, dass ihr verantwortlich dafür seid, was in eurem Leben geschieht. Was mit *euch* geschieht.

Das größte Gut eures menschlichen Daseins ist die Freiheit. Ihr gehört niemandem. Ihr seid frei in euren Gedanken, und ihr bestimmt, welche Energien ihr anzieht.

Und die Energie, das Gefühl, das euch am weitesten tragen kann, ist die Liebe.

Die Liebe zu euch selbst. Die eigene Wertschätzung. Das eigene Selbstbewusstsein. Ohne Egoismus, Selbstverliebthcit, Selbstüberschätzung. Das reine Gefühl der Liebe, die nichts verlangt und die eine Selbstannahme möglich macht. Sie lässt euch das eigene Wohl erkennen und fördern, um dadurch für die anderen friedvolle Kraft auszustrahlen, die euer Miteinander leichter macht.

Um euch immer wieder in Erinnerung zu rufen, wer ihr wirklich seid, um zu eurer Mitte zurückzufinden, in der ihr deutlich wisst, was für euch richtig ist, bin ich da. Solltet ihr also in einer Situation Zweifel haben, wofür ihr euch entscheiden sollt, bittet mich um Hilfe. Ich führe euch in euer innerstes Kraftzentrum, wo ihr eure wahre Essenz trefft, wo ihr wieder wisst, was euch guttut, und wo ihr wieder eure Wahrheit schöpfen könnt, um die Entscheidung zu fällen, die angemessen ist für euer Wachstum, euer Wohl.

Affirmation

Um wieder ganz zu meinem wahren Kern vor-
zudringen, bitte ich dich, Rowena, um Hilfe.
Denn dort finde ich die Antworten, die ich
jetzt brauche. Dort wohnt mein wahres Gefühl, auf das ich mich verlassen kann und das
mir hilft, zu meinem Wohl zu entscheiden
und zu handeln. In Liebe zu mir selbst. In Anerkennung meines wahren Seins. In Achtung
vor meinen Fähigkeiten. Im Bewusstsein meiner Freiheit. Danke!

Athena

Mein Name ist euch auch heute noch bekannt, doch ihr verbindet ihn kaum noch mit mir. Eine ganze Metropole steht unter meinem Namen, meinem Schutz. Aber gedankenlos sprecht ihr meinen Namen aus und damit meine Kraft. Die Zeiten meiner unmittelbaren Verehrung sind lange vorbei, doch könnt ihr die Stätten, die mir zu Ehren errichtet wurden, noch heute aufsuchen.

Stolz und Aufrichtigkeit, wahre Größe, Stattlichkeit – ich bin die weibliche Kraft, die sich nie versteckt hat, die sich nie hinter ein männliches Prinzip ducken musste und wollte. Ich bin Gleichberechtigung und Anerkennung. Mein Wort, meine Ratschläge fanden Gehör – auch bei Männern.

Ich war und bin eine Kämpferin. Ich bin die Einheit von Verstand und Bauchgefühl. Ich erkenne Stärken und Schwächen in den Menschen und nutze diese Erkenntnis – nicht zu meinem eigenen Vorteil, sondern um Situationen in die Bahnen zu lenken, die dem Allgemeinwohl dienen. Ich bin die Schlichterin, die Stimme der Vernunft, immer im Einklang mit dem Gefühl – das Prinzip also, an dem es euch heute mangelt. Denn das männliche, verstandesbetonte Vorgehen wird in eurer Zeit befolgt. Ihr habt euch dem gefügt, weil ihr in all den vergangenen Jahrhunderten nicht anders konntet. Doch nun habt ihr die Möglichkeit, euch auf eure Stärken zu besinnen. Wenn es in euch selbst zum Disput kommt, wenn ihr mal wieder mit euch selbst diskutiert, aber keine Lösung findet, wenn der Kopf das Herz mal wieder überzeugen, überreden, überfahren will und ihr genau spürt, dass es nicht richtig ist, weil sich in eurem Körper Unwohlsein ausbreitet – dann ist der Augenblick gekommen, in dem ihr mich um Hilfe bitten könnt.

Ich kann euch innere Ruhe bringen, Klarheit und Ordnung im Chaos des Wettstreits.

Ruft mich bei meinem Namen und bittet um meine Unterstützung. Schildert mir den Konflikt. Lasst zunächst den Kopf sprechen, lasst ihn seine Argumente vorlegen, seine Bedenken äußern, das Für und Wider benennen. Tut dies entweder, indem ihr es aufschreibt oder indem ihr euch ein Gespräch mit mir vorstellt – was euch lieber ist. Und dann beobachtet, wie euer Körper auf die Argumente reagiert. Hört dann nicht auf das, was euer Kopf erneut dazu zu sagen hat. Sollte er trotzdem zu laut und dominant sein, bittet mich, ihn zu beschwichtigen. Ich werde ihm verständlich machen, dass er Beachtung findet, dass er gehört wird, aber dass sich eben auch das Gefühl, der Körper artikulieren darf. Dann wird der Kopf schweigen, denn es geht ihm nur darum, ernst genommen zu werden. Er hat eine Funktion für euch. Und er nimmt diese Aufgabe ernst. Ich kann ihm deutlich machen, dass es euch aber nur gut gehen kann, wenn es eine Übereinstimmung von Verstand und Körper gibt. Dass ihr euch wohlfühlen müsst mit dem, was ihr entscheidet. Dass ihr keinen Zweifel an dem hegen sollt, was ihr tut oder unterlasst. Dass es ein gleichberechtigtes Dasein von Geist und Seele geben muss, damit ihr euer Leben im höchsten Maße zufrieden erfahren könnt. Das wird er verstehen. Denn auch ihm ist an eurem Wohlergehen gelegen. Und so kommt dann euer Unterbewusstsein zu »Wort«, die Weisheit eurer inneren Stimme. Es wird euch in Form von Körperregungen und Gefühlen deutlich machen, was es will und empfindet. Und es wird euch nicht in die Irre führen.

Sollte sich also ein Gefühl des Widerstandes, der Ablehnung, der Angst breit machen, dann helfe ich euch dabei, die Ursache dafür herauszufinden. Ich frage dann nach dem »Was wäre wenn«: Was wäre das Schlimmste, das passieren kann, wenn ihr die oder jene Entscheidung trefft? Was wären die schlimmsten Folgen, und weshalb empfindet ihr sie als so schlimm? Liegt das Problem in der momentanen Situation oder in der Vergangenheit? In einer ähnlichen Erfahrung, die euch Schmerzen brachte? Ist es die Angst vor dem Neuen, die euch daran hindert vorwärtszugehen?

All dies durchleben wir dann in einem gemeinsamen Prozess, durch den ich euch leite. Ihr seid sicher und beschützt. Wenn ihr alles ergründet und erfühlt habt, dann wird euch eine große Ruhe überkommen, und ihr könnt in Klarheit und in vollem Bewusstsein eure Entscheidung treffen, den Konflikt beilegen. Auch in der zur Zeit vom männlichen Prinzip dominierten Welt, werdet ihr euch zurechtfinden, denn ihr findet eure Stärke wieder. Ihr wisst wieder zu schätzen, dass das Gefühl euch die Richtung weist. Dass es seine Berechtigung hat. Dass es keine Schwäche, sondern ein starker Ratgeber ist.

Vertraut euch wieder der Einheit von Verstand und Körper, von Geist und Seele an. Dann geratet ihr nicht ins Wanken, sondern steht gerade, aufrecht und selbstsicher zu euch und eurem Leben. Zu eurem Weg und zu euren Entscheidungen. Habt Mut! Zeigt eure Stärke, macht euch nicht klein. Seid ihr selbst!

Affirmation

Athena, Göttin der inneren Stärke und Weisheit! Lehre mich, die Einheit von Verstand und Herz wiederzufinden. Hilf mir, bei Konflikten die für mich richtige Lösung zu finden. Lasse meinen Kopf argumentieren und mein Herz fühlen. Bringe mir die Einheit, die Verständigung und die Übereinstimmung der beiden zu meinem Wohl, damit ich Entscheidungen treffen kann, ohne Zweifel zu haben. Damit ich Klarheit finde in dem, was ich will und tue. Lehre mich Größe, Standhaftigkeit und Selbstvertrauen, denn ich bin die Meisterin meines Lebens. Mit deiner Hilfe. Danke!

Selene

$\mathcal{I}$ch sende euch meine Grüße, meine Töchter, und ich bin erfreut, dass ihr euch auch an meine Kraft und meine Fähigkeiten erinnern wollt. Mir wurde der Mond zugeteilt als Geschenk an meine Göttlichkeit und als dauerhaftes Zeichen meiner Gegenwart. Der Mond diente der Menschheit über Jahrhunderte als Wegbegleiter und Ratgeber.

Dann gerieten er und damit ich in Vergessenheit. Und dennoch durchläuft er ebenmäßig seine Bahn, und der Zyklus seines Erscheinens ist euch geläufig: Neumond, zunehmender Mond, Vollmond, abnehmender Mond, Neumond. Immer wieder aufs Neue.

Auch wenn ihr wissenschaftlich erklärt bekommen habt, wie der Lauf des Mondes funktioniert, welcher Schatten wann wie geworfen wird ... Der Zauber und die Macht des Erdtrabanten bleiben ungebrochen. Sein Licht ist mein Licht. Und so wie der Mond an die Erde gebunden ist, bin auch ich, Selene, an Mutter Gaia gebunden. Wir stehen im Austausch. Ich bestimme mit über die Gezeiten, denn das Element Wasser ist mir zugeordnet. Und wie sich im Mondzyklus der Kreislauf von Säen, Wachsen, Ernten, Brachliegen und wieder Säen spiegelt, so spiegelt sich der Zyklus der Weiblichkeit darin. Monat für Monat im gleichen Rhythmus.

Doch in eurer modernen Zeit und Welt wurde euch die Möglichkeit gegeben, selbst über euren Kreislauf des Körpers zu bestimmen, ihn zu beeinflussen, zu regulieren, zu unterbrechen. Ja, einerseits trug dies zur Unabhängigkeit der Frauen bei. Es brachte die Möglichkeit der Befreiung und Selbstbestimmung. Aber es förderte und fördert auch die Steigerung des männlichen Potenzials in euch – und das ist das genaue Gegenteil von dem, was ich bin! Wenn ihr euch an mich wendet, kann ich euch dabei unterstützen, zu eurem weiblichen Gefühl zurückzufinden – auch wenn ihr euch entschließt, weiter mit chemischen Mitteln in euren Körper eingreifen zu wollen.

Meine Stärke ist das Fließenlassen. Das Blut, die Körpersäfte. Ich bin Weichheit. Ich bin Rundung. Ich bin die Quelle, der Bach, der Fluss, die Strömung, der Strudel, das Meer. Der Regen, der Schnee. Das freudige Springen des Wassers, die geheimnisvolle Untiefe. Unergründlich und geheimnisvoll. Verlockend für jeden Mann. Ich lösche Feuer, ich erfrische die Sinne. Ich zeige euch, wie ihr das Gefühl für euren Körper wiedererlangt, damit ihr wieder zu schätzen wisst, wie ihr gebaut seid. Damit ihr wisst, dass ihr keine männlichen Muskeln braucht, die stählerne Härte und Kraft unter Beweis stellen. Eure Haut ist weich. Sie wurde dehnbar geschaffen, damit sie, wenn ihr Kinder in euch tragt, dieser Aufgabe im wahrsten Sinne des Wortes gewachsen ist. Pflegt dieses Sinnesorgan. Denn über die Haut empfangt ihr wichtige Signale. Jedes Härchen darauf leitet Reize weiter. Gibt es etwas Angenehmeres, als sich wohl in seiner Haut zu fühlen? Und indem ihr die Haut pflegt, sie beispielsweise eincremt, verwöhnt ihr damit euch selbst. Ihr streichelt euch dann selbst. Tut dies einmal ganz bewusst. Genießt die Berührung, die Bewegung, das Gefühl. Und dann legt all eure Liebe für euch selbst hinein. Macht euch klar, dass ihr euch etwas Gutes tut.

Fangt nicht an, euch zu beurteilen oder zu bewerten, indem ihr Unebenheiten kritisch begutachtet. Das ist das männliche Verstandesprinzip. Wie fühlt sich euer Körper an? Dankt euren Armen, den Beinen, den Füßen, den Händen, dem Bauch, den Brüsten.

Seht eure weiblichen Attribute. Die Rundungen. Die weichen Linien. Den schwungvollen Verlauf eurer Körperform. Lernt euren Körper kennen – nicht nur von außen. Macht euch wieder klar, welcher Ablauf monatlich in euch erfolgt. Was für eine Leistung euer Körper vollbringt. Eine Leistung, die ihr ihm oft als Schwäche auslegt, weil die männliche Dominanz es so geprägt hat.

Und wenn ihr in der Lebensphase seid, in der der monatliche Zyklus hinter euch liegt, dann glaubt nicht, dass damit eure Weiblichkeit verblüht ist. Auch das wurde euch eingeredet, weil den Männern von jeher klar war, dass Frauen in diesem Alter voll und ganz in ihrer Kraft sind – in einer Kraft, die nicht mehr durch Chemie oder Schwangerschaft kontrolliert werden kann und die somit abgewertet werden musste, um Frauen daran zu hindern, sich stark und unabhängig zu fühlen. In den letzten Jahren fand jedoch die willkommene Entwicklung statt, dass Frauen sich dann zum Glück nicht mehr unweiblich und nutzlos fühlen. Dennoch geschieht es genau in der Zeit, dass sich ihre Lebenspartner jüngere Partnerinnen suchen – nicht so sehr aus Gründen der Attraktivität, sondern aus Gründen der Macht und um die Vorherrschaft behalten zu können.

Findet wieder Zugang zu eurem weiblichen Sein, der Körperlichkeit und Sinnlichkeit. Gestattet euch, weich zu sein. Gestattet euch, gefühlvoll zu ein. Gestattet euch Sinnlichkeit. Gesteht euch die weibliche Urkraft des Schöpferischen zu.

Affirmation

Ich bin eine Frau. Ich bin weiblich, und ich bitte Selene, Mondgöttin und Herrin des Wassers, mir die Geheimnisse neu zu enthüllen, die mir verborgen blieben oder die vor mir verborgen wurden. Damit ich ganz ich sein kann. Damit ich die urweibliche Kraft in mir wieder spüren und erleben kann. Damit ich wachse und stark bin. Damit ich fließe und nähre. Danke!

Aphrodite

Weichheit, Sinnlichkeit, Körperlichkeit, Lust. Liebe in der menschlichen Dimension, zwischenmenschlich. Lust an sich selbst und am anderen. Lust im Sinne der Freude, nicht der Begierde. Im gesunden Rahmen, nicht zerstörerisch. Weder für dich selbst noch für den Geliebten oder die Geliebte. Rein und unschuldig. Im Wissen um die eigene Kraft. »Selbst-bewusst«. Klar im Willen, klar im Erreichen dessen, was du möchtest.

Mein Potenzial stelle ich dir zur Verfügung, wann immer du dich selbst spüren möchtest. Wenn du das Gefühl für deinen eigenen Körper verloren hast, wenn du deinen Körper für unzulänglich hältst und damit dich selbst, wenn du dir verboten hast zu fühlen, was dir Vergnügen bereitet, natürlich auch in sexueller Hinsicht, wenn du dich wieder frei, ungezwungen, natürlich im Umgang mit dir selbst fühlen möchtest – dann bin ich da, um dich mit der Urkraft des weiblichen Prinzips in Verbindung zu bringen, mit dem Quell des Lebens, dem Ursprung der Fülle.

Beachte den Spiegel nicht. In ihm findest du nicht, was du suchst. Um dich selbst zu erkennen, erkunde dich selbst – mit geschlossenen Augen, denn das ist meist einfacher für euch, weil ihr dann nicht abgelenkt werdet. Lege deine Fingerspitzen auf dein Gesicht. Was fühlst du? Auf dem Gesicht und in den Fingerspitzen. Zeichne die Formen nach. Wie fühlt es sich an? Was leiten deine Nerven weiter? Und was für Empfindungen löst es in dir aus? Erkunde dich nach und nach, so wie du es möchtest und je nachdem, welche Region deines Körpers du erleben möchtest. Es gibt kein Verbot, denn du gehörst nur dir selbst.

Kannst du dich dir selbst nahe fühlen? Wer sonst darf dich so berühren? Wem gestattest du diese Form der Nähe? Und mache dir bewusst, wie nah du eine andere Person an dich heranlässt, wenn du ihr erlaubst, dich zu berühren. Mache dir klar, dass es deine Entscheidung ist – die nicht leichtfertig getroffen werden sollte. Denn du bist es, die berührt wird. Und wenn das der Fall ist, wenn du berührt wirst, sei anwesend! Sei in dir, in deinem Gefühl und in deinem Körper, nicht in deinem Kopf. Sobald dein Kopf eine Rolle übernimmt, geht es nicht mehr um die tiefe Empfindung. Nicht mehr um die Auflösung des Selbst, der Person. Es soll aber um das Spüren gehen, um das Wollen, um das Fließen – nicht um Kontrolle oder Steuerung.

Wer hat dir eingeredet, du seist nicht schön? Wer hat dir eingeredet, du seist zu dick oder zu dünn? Wer hat dir eingeredet, du müsstest Liebestechniken beherrschen? Und warum hast du es geglaubt? Und frage dich, vielleicht zum ersten Mal, was wünschst du dir bei einer sexuellen Begegnung mit einer anderen Person? Hier sind nicht Kunstfertigkeiten gemeint, sondern das, was du fühlen möchtest. Was bringt dir die körperliche Begegnung, das du dir nicht auch selbst, alleine vermitteln kannst? Also, warum lässt du dich auf diese intime Nähe ein? Um dich gut zu fühlen? Um begehrenswert zu erscheinen? Um dich geliebt und gewollt zu fühlen? Um Befriedigung zu erlangen?

Wenn das deine Motivationen sind, dann finde die Ursachen und löse sie auf. Denn darum geht es nicht, wenn du die aphroditische Kraft wiedererlangen möchtest.

Meine Kraft ist selbstsicher, denn ich brauche keine Bestätigung. Denn ich weiß durch das, was ich fühle, was ich für mich will – und was ich ablehne und darum nicht erfahre. Die aphroditische Stärke ist Liebe zu sich selbst, Freude am Genuss, Freude am eigenen Körper, Freude daran, sich auf den anderen einzulassen und mit ihm gemeinsam Sinnesfreuden zu erleben. In gegenseitigem Vertrauen. Damit du dich fallen lassen kannst und dein ganzer Körper die Kraft erfährt, die du in dir sammeln und die du in der Vereinigung auf den anderen übertragen kannst. Oder du kannst ihn zumindest daran teilhaben lassen. Wohin tragen dich die Wellen, wenn die Energie sich löst? Wem schenkst du diese Kraft? Du bestimmst darüber! Du bestimmst, wen du an dich heranlässt.

Lerne dich wieder kennen. Lerne die Kraft kennen, die dich ausmacht, über die du verfügst und die dich anziehend macht, die dich leuchten lässt, weil du dir und deines Körpers sicher bist. Weil du dich liebst. Weil du dich kennst. Weil du weißt, was du möchtest.

Affirmation

Aphrodite! Schaumgeborene Göttin! Du verkörperst Sinnlichkeit und Liebesfreude. Lehre mich, den sinnlichen Weg zu mir selbst zu beschreiten. Ich will mich kennenlernen und in Liebe annehmen, damit ich mich selbst spüren und mich selbst genießen kann. Damit ich weiß, was ich möchte. Lehre mich, klar zu entscheiden, wen ich in intimer Nähe an mich heranlassen kann und wen ich besser meide. Zu meinem Wohl. Danke!

Sananda

Liebe. Liebe ist die Antwort auf all eure Fragen, der Schlüssel zur Lösung all eurer Probleme. So einfach und doch so schwer. Wonach strebt ihr von Kindheit an? Was spürt ihr am tiefsten, am reinsten? Was ist die Motivation, die euch zu höchsten Leistungen anspornt? Liebe. Zu euch selbst oder zu anderen. Zu eurem Tun, eurer Aufgabe, wenn ihr sie denn in Reinheit und Bedingungslosigkeit erfahren und erhalten habt und so weitergebt.

Doch oft erfahrt ihr in eurem menschlichen Dasein die Liebe nicht so, wie sie vorgesehen ist. Ihr macht häufig eine Mangelerfahrung. Liebe, die nicht gegeben wird. Liebe, die nicht gezeigt wird. Liebe, die nicht gelebt wird. Liebe, die an Bedingungen geknüpft ist. Liebe, die verdient werden muss. Ein Gut, das nicht zur freien Verfügung steht, sondern etwas verlangt. Das Gefühl, ungewollt zu sein. Nicht zu genügen. Nicht »liebens-wert« zu sein. All diese Erfahrungen, die ihr oft im Kindesalter macht, prägen sich tief in euer System ein und werden als wahr erachtet. Und von diesen Voraussetzungen geht ihr in eurem erwachsenen Leben aus. Ihr setzt fort, was euch beigebracht wurde.

Doch ich bin da, um euch zu helfen zu erkennen, dass es mit der Liebe etwas ganz anderes auf sich hat. Liebe ist der Urzustand. Die lichtvolle Quelle, aus der ihr alle stammt und aus der ihr genährt werdet. Immer. Täglich. Zu jeder Stunde. Und um die Erfahrung dieses immerwährenden Stroms zu machen, ist es an der Zeit, eure Herzen zu öffnen – und zwar für euch selbst. Überwindet die Angst, die euch daran hindert, diese reine Form der Liebe anzunehmen. Überwindet die Mauern, die ihr zum Schutz vor Verletzungen und Zurückweisungen um euer Herz aufgebaut habt.

Befreit euch und weitet euch, um in euch aufzunehmen, was euch zusteht, weil es Teil von euch selbst ist.

Freut euch auf das Wiedererleben des Gefühls der Weite, der unendlichen Kraft und Zuversicht, die die Liebe in euch zum Tragen und Blühen bringt.

Es ist genug da. Für alle. Für immer. Macht euch klar, dass Fülle herrscht und dass ihr zu jeder Zeit angeschlossen seid an das System des einheitlichen Friedens. Ihr müsst nichts dafür tun, außer euer Herz bereit zu machen und es euch selbst wert zu sein zu empfangen, was ihr empfangen könnt. Öffnet euer Herz – einem Blütenkelch gleich, der bereit ist, den nährenden Tau aufzunehmen. Euch wird zufließen, was für euch vorgesehen ist – und zwar in der Stärke und Menge, die für euch in dem Moment der bewussten Erfahrung angemessen ist. Nicht mehr und nicht weniger. Genau richtig.

Und wenn der Strom der Liebe von der Quelle zu euch fließt, in euer Herz gelangt, sich dort verteilt, dann spürt in euch hinein. Welche Regung sich auch zeigt, lasst sie zu. Ob es die Trauer ist, weil ihr euch so lange von der Liebe abgeschnitten gefühlt habt, ob es Wut ist, weil ihr dachtet, es sei zu spät, um Liebe zu empfinden, ob es Scham ist, weil ihr es euch nicht wert wart, dieses überbordende Gefühl in euch zuzulassen, ob es Freude ist, endlich wieder zu spüren, wozu ihr fähig seid, was euch zusteht – all diese Emotionen dürfen ans Licht kommen. Unterdrückt sie nicht. Wascht sie rein im Strom der Liebe, im rosagrüngoldenen Licht – so lange bis sich der Frieden in euch ausbreitet, sich vom Herzen aus im ganzen Körper verteilt. Bis ihr Liebe und Frieden SEID.

Dann fühlt ihr euch wieder ganz und vollkommen, dann könnt ihr alles in euch heilen, was der Heilung bedarf. Denn Liebe ist der Schlüssel, die Antwort und die Lösung.

Affirmation

Sananda, ich bin bereit, mich wieder anzu-
schließen an den Strom der unendlichen Liebe,
an die Kraft, die mich der Heilung näher
bringt. Ich vertraue auf deine Hilfe und Unterstützung, die ich brauche, um mein Herz
weit zu öffnen und nichts zu erwarten. Indem
ich deinen Namen dreimal ausspreche, gebe
ich meinem Herzen die Erlaubnis, sich zu wei-
ten, sich wie eine Blüte zu öffnen, um wie ein
Kelch zu empfangen, was an Liebesenergie
zu mir strömt. Ohne Furcht, ohne Sorge. So
sei es. Danke!

Freya

$\mathcal{K}$ommt! Kommt! Ich lade euch ein zur Feier eures Lebens! Zum Tanz, zur Leichtigkeit, zum »Leicht-Sinn«! Ich helfe euch, euer ständiges Verantwortungsgefühl, die Pflichterfüllung, das Funktionierenmüssen abzulegen, um der Urkraft der Lebenslust Platz zu machen. Denn ihr alle braucht einmal eine Pause vom Pflichtprogramm, vom Alltag und vom Einerlei.

Ich mache keine Pläne, ich wäge keine Risiken ab. Ich bin das Risiko! Ich gehe das Risiko ein und helfe euch dabei, dies ebenso leicht zu tun wie ich. Das macht euch Angst? Euer Sicherheitsbedürfnis schlägt Alarm? Darüber helfe ich euch mit einem Lachen hinweg! Ich bin nicht der Verstand. Ich bin der Körper, das Gefühl, die Lust, der Genuss – ohne dabei das rechte Maß aus den Augen zu verlieren. Aber ich weite die Grenzen aus, die ihr euch gesetzt habt. Manchmal lasse ich euch sie auch überschreiten, aber nur damit ihr an Lebenserfahrung gewinnt. Damit ihr erfahrt, wer und wozu ihr fähig seid.

In eurer Zeit bleibt die Lebensfreude manches Mal auf der Strecke. Ihr lebt sie nicht mehr und wisst das Leben und seine Fülle kaum noch zu schätzen. Zu sehr seid ihr damit beschäftigt, materielle Güter anzuhäufen, Wohlstand zu erreichen und zu sichern. Das erfordert einen großen Teil eurer Aufmerksamkeit, und aus Angst, das Erreichte zu verlieren, haltet ihr daran fest. Stumpft ab. Die Zeit der Partys, des fröhlichen, hemmungslosen Beieinanderseins, des Sichausprobierens ersetzt ihr mit steigendem Alter durch vermeintliche Ernsthaftigkeit. Weil euer Verstand euch verbietet, haltlos zu sein, die Kontrolle abzugeben. Weil er damit die Kontrolle verliert.

Wann habt ihr das Gefühl für euren Körper verloren? Wann habt ihr beschlossen, dass er eine Art Maschinerie ist, die euch durch das Leben trägt? Ihr glaubt, dass er ab und zu zwar gewartet, überprüft und in manchen Fällen sogar »überholt« werden muss. Dass Korrekturen daran vorgenommen werden müssen. Dass mit Medizin und technischen Eingriffen die höchste Leistung aus ihm herausgepresst werden muss. Aber dass er sonst nicht mit euch im Zusammenhang steht. Welche Fehleinschätzung!

Euer Körper ist euer Verbündeter. Euer Körper eröffnet euch den Zugang zum Unterbewusstsein – durch Gefühl, Empfindung, Bewegung, Bewegung im Tanz. Ungesteuert, kein Sportprogramm, keine disziplinierten Übungen, die einem Zweck dienen, sondern frei in der Schwingung, im Ausdruck, im Rhythmus. Bewegung ohne Wertung. Bewegung nach Bedürfnis, nach Lust! Es geht um das Gefühl der Freiheit, der Befreiung, der Leichtigkeit. Das Abschütteln von Konventionen, von Erwartungen. Das Stampfen auf den Boden, um die Verbindung zur Erde wiederherzustellen, zum Hier und Jetzt. Wir wollen nicht über das Gestern nachdenken, nicht für das Morgen planen, sondern das Leben in diesem Moment spüren. Denn der Augenblick zählt. Das Jetzt. Und das Jetzt sollte mit Glück, Zufriedenheit und liebevoller Weite gefüllt werden.

Spürt wieder eure Lebendigkeit, spürt wieder eure Kraft! Und aus dieser könnt ihr dann wieder schöpfen, um euer Leben zu gestalten – mit neuer Energie, aus einer neuen Perspektive. Bleibt wandelbar! Fahrt euch nicht fest in den Plänen, die euer Gehirn entwickelt hat, weil es so mutlos ist, so langweilig und wenig kreativ. So freudlos und humorfrei. Entwickelt eure Sinne, findet Genuss an eurem Dasein, liebt euch und eure Freiheit! Fordert das Leben zum Tanz auf, und lasst euch tragen im Takt des Lebensliedes, das euch behagt!

Affirmation

Ich bitte dich, Freya, mich zu unterstützen, mein Lebenslied zu finden. Ich will auf den Gesang meines Herzens hören und die Melodie mitsingen, die emporsteigt, wenn ich mich der Lebensfreude und Lebenslust öffne. Hilf mir, mein Pflichtprogramm umzugestalten, es leichter zu machen und in Lachen und Leichtigkeit umzuwandeln, damit ich mich im Rhythmus meines Lebenstaktes wiegen kann und leichten Schrittes vorantanze – meiner Zukunft entgegen, die Glück verheißt.

Ishtar

*W*enn ihr euch mit mir verbindet, dann werdet ihr eure Weiblichkeit, euer Feuer, eure Leidenschaft und Stärke wieder fühlen wie selten zuvor. Denn alles, was euch in eurer Kindheit, als ihr ein Mädchen wart, verboten wurde, was euch als sündhaft dargestellt wurde, verkörpere ich. Ich bin die geborene Leidenschaft. Ich bin die Welle der Lust. Ohne Triebhaftigkeit. Meine Kraft liegt in euren tiefsten Tiefen.

Der Zugang zu meiner Stärke wurde euch am meisten aberzogen. Es wurde versucht, ihn zu kontrollieren, die Stärke herabzuwürdigen. Denn diese weibliche Kraft macht euch zu den mächtigsten Wesen, die seit jeher den Männern Angst machten. Weil sie dieser Macht nichts entgegenzusetzen haben. Weil wir sie mit dieser Stärke davontragen würden, weil wir sie von ihren Füßen reißen und sie willenlos unseren Wünschen Folge leisten würden.

Doch es geht heute und in Zukunft nicht mehr darum, Macht zu haben und auszuüben. Aber dennoch bin ich da, um euch zu zeigen, wie ihr wieder Lust an eurer Leidenschaft entwickeln könnt – nicht nur in sexueller Hinsicht. Obwohl ihr auch hier meist längst nicht das lebt, was eure sexuelle Kraft ausmacht. Zu sehr wurde euch abgesprochen, überhaupt Lust empfinden zu können. Zu sehr wurdet ihr in die Rolle der Dienerin gedrängt, der Erfüllungsgehilfin, ohne selbst erfüllt zu werden. Und die Frauen, die Lust empfanden oder sinnliche Genüsse schenken konnten, wurden als unsittlich geächtet. Aber wenn ihr euch entscheidet, diese Rolle nicht mehr zu übernehmen, wenn ihr bereit seid zu erfahren, was weibliche Leidenschaft wirklich bedeutet, dann verbindet euch mit mir. Ich zeige euch, wie ihr bei eurem sinnlichen Erleben alles aus eurem Gefühl heraus angeht. Wie ihr spürt, was euch Freude macht. Wie sich das Feuer in eurer Mitte in den ganzen Körper ausweitet, wie ihr in jeder Zelle eure Kraft spürt. Wie ihr nur noch dem folgt, was euer Körper möchte, was ihr tun möchtet – und zwar nicht vom Kopf aus, sondern von eurem Zentrum aus.

Ihr werdet erfahren, wie es ist, wenn ihr getragen werdet, geführt von eurem Verlangen, von eurem Wunsch nach Erfüllung. Von eurer Herzenskraft. Wenn ihr euch erlaubt und zugesteht, dass das, was ihr fühlt, richtig ist, dass es nicht kontrolliert werden muss, dass es an die Oberfläche darf, gelebt werden darf – dann gibt es kein Halten mehr. Dann werdet ihr euch auf ungeahnte Weise neu kennenlernen. Dann werdet ihr eine neue Kraft fühlen, die endlos ist, die nicht nachlässt und stets abgerufen werden kann, wenn ihr es wollt. Nichts kann euch dann noch aufhalten oder schwächen. Dann steht ihr aufrecht und klar zu euch, seid unangreifbar und könnt alles erreichen, was ihr euch vorgenommen habt. Dann ist alles erfüllt von euch, und alles, was ihr euch in eurem Leben und für euch wünscht, wird sich erfüllen. Weil ihr erfüllt seid.

Denn wenn ihr erfüllt seid, ist kein Platz für Leere, für Mangel, für Sorgen. Dann tut ihr das, was für euch wichtig ist. Dann tut ihr das, woran ihr glaubt, wovon ihr überzeugt seid. Alles, was ihr von eurer Mitte her tut, mit der Kraft aus eurem Zentrum, kann nur gelingen. Daher ist es wichtig, diese Mitte mit Positivität zu füllen. Mit Strahlkraft, Wärme und unendlicher Energie. Ich helfe euch dabei, das Zentrum aufzufüllen, in eurer Kraft zu bleiben, damit eure Vorhaben, eure Projekte gelingen, damit ihr eure Ziele erreicht. Denn ein erfülltes Leben trägt zu eurer Zufriedenheit, eurem Glücksempfinden bei. Und das ist unser Angebot an euch: euch mit unserem Wissen und unserer Stärke zu unterstützen.

Affirmation

Ishtar, Göttin der Leidenschaft, fülle das Zen-
trum in meiner Mitte mit unendlicher Kraft.
Schließe mich an die Quelle der unendlichen
Energie an, die mir immer zur Verfügung
steht. Hilf mir, all meine Ziele mit leiden-
schaftlicher Stärke zu erreichen, um mich mit
Zufriedenheit und Glück zu erfüllen. Damit
ich mein Leben genießen kann, ohne leere
Ersatzhandlungen und laue Halbwahrheiten.
Lass die Welle deiner Kraft durch mich strömen
und sie mich zu den höchsten Gipfeln meines
Lebens tragen.

Laurita

$\mathcal{D}$ie schlimmste Kritik, die schärfste Beurteilung, die niedrigste Bewertung kommt meist aus eurem eigenen System, aus euren eigenen Gedanken. Zu niemandem seid ihr so hart und erbarmungslos wie zu euch selbst. Niemand zieht euch stärker in Zweifel, niemand spricht euch derart jegliches Talent ab wie ihr euch selbst. – Ist es nicht endlich genug damit? Wollt ihr euch noch länger mit Schmutz bewerfen und klein machen?

Lasst es gut sein. Lasst es vorbei sein. Lernt, anders mit euch umzugehen. Lernt, euch so zu behandeln, wie ihr eine Freundin behandeln würdet. Redet euch gut zu. Lobt euch für das, was ihr geleistet habt. Ermuntert euch, eure Vorsätze in die Tat umzusetzen. Verurteilt euch nicht für kleinere Rückschläge, sondern tröstet euch und sagt euch, dass es beim nächsten Mal besser klappen wird.

Haltet euch selbst den Rücken frei. Stützt euch und richtet eure Aufmerksamkeit auf euch. Verzeiht euch liebevoll die eigenen Schwächen, die negativen Eigenschaften. Ihr seid aus gutem Grund, wer und was ihr seid. Und jede von euch hat die Möglichkeit, sich weiterzuentwickeln. Wenn ihr es möchtet, helfe ich euch dabei. Ich nehme mit euch Bestand auf. Ich zeige euch auf, wo ihr im Moment im Leben steht und warum es richtig ist, dass ihr dort seid, wo ihr seid. Ich zeige euch, wie ihr von diesem Punkt aus weiter vorangehen könnt, um euch dem zuzuwenden, was für euch vorgesehen ist an Lebensfreude, an Glück und an Aufgaben. Ich zeige euch, welche Fähigkeiten und Talente in euch schlummern – die, die ihr schon nutzt und lebt, ohne euch dessen bewusst zu sein, und die, die noch versteckt, vergraben sind.

Ich zeige euch die, die ihr seid, und die, die ihr werden könnt. Ich helfe euch, euch zu eurer wahren Größe aufzurichten. Wertfrei. Liebevoll. Friedlich. Damit ihr seht, wer ihr seid. Befreit von den Rollen, Eigenschaften, Selbstbeschreibungen, die ihr für euch festgelegt habt, so dass der Kern eures Seins sichtbar wird. Eure Essenz. Das, woraus ihr wirklich besteht. Das, was euch wirklich ausmacht. Euer wahres Wesen. Eure Schönheit und Einzigartigkeit. Eure Seelengröße. Eure ewige, immerwährende Schöpferkraft.

Und dann zeige ich euch, wie ihr damit zurechtkommen könnt, was ihr erfahren habt, wie ihr euch erlebt habt. Ich lehre euch anzuerkennen, wer und was ihr seid und sein könnt. Denn die eigene Größe zu sehen und dann anzunehmen, zu akzeptieren, dass ihr mehr seid, als ihr dachtet, das erfordert Mut und Kraft und aufrichtige Liebe zu euch selbst. Ihr müsst lernen, euch selbst zuzugestehen, dass ihr göttlich seid, ohne hochmütig zu werden. Ohne Eitelkeit und Überheblichkeit. Vielmehr müsst ihr sowohl die Verantwortung, die in eurer Göttlichkeit liegt, sehen und annehmen als auch die Freiheit, die darin liegt. Dann könnt ihr euer Leben nach euren Vorstellungen, Wünschen und selbstgewählten Aufgaben gestalten. Dabei helfe ich euch.

Affirmation

Ich bitte dich, Laurita, mit deiner sanften Gnade zu mir zu kommen. Ich bitte dich, mich zu berühren und dahin zu führen, von wo aus ich mich von einer höheren Warte betrachten kann, so dass ich klar meinen Wesenskern sehen kann, wenn du mir den Schleier von den Augen und vom Herzen nimmst. Auf dass ich mich selbst erkenne und anerkenne und aus meiner Erfahrung lerne. Auf dass ich mich liebevoll zu der Person weiterentwickle, die ihre wahre Größe und Identität lebt. Aufrichtig und authentisch. Damit ich ich bin.

Michaela

$\mathcal{I}$n meiner weiblichen Schwingung zeige ich mich nun vor euch. Diese Tendenz gibt meiner Kraft eine weichere Linie, ihre Stärke bleibt aber ungemindert. Die Ausdruckskraft ist jedoch eine andere, und um diese wurde für diesen Text gebeten.

Trage ich in meinem männlichen Ausdruck als Erzengel Michael ein Schwert bei mir, so verwandelt es sich in der weiblichen Schwingung in eine blühende Klinge. Die Schärfe wird genommen, nicht die Kraft. Und es dient euch bisweilen besser, nicht mit der schneidenden Kampfkraft voranzugehen, sondern es durch die Blume zu sagen und eure Ziele mit mehr Sanftmut zu erreichen.

Und so ist es auch hier. Ich spreche zu euch durch die Blume, damit ihr vor meiner Kraft nicht zurückweicht. Ich kann euch sanft bewusst machen, was in euch liegt und gelebt werden will. Ich zeige euch, welches Potenzial ihr habt und was eure Seele sich vorgenommen hat, als sie sich entschloss zu inkarnieren in dieser Form, in diesem Leben, in dieser Gestalt, die ihr euch gewählt habt. In allem liegt ein Grund. Und diesen kann ich euch sichtbar machen.

Langsam und vorsichtig, wenn ihr es wünscht. Ihr bestimmt. Denn was ich euch zeige, dient euch als Schlüssel für das, was vor euch liegt. Es bereitet den Weg für eure Weiterentwicklung. Und ich helfe euch, diesen Weg zu gehen, euch weiterzuentwickeln und so euren Seelenplan zu erfüllen. Nicht in dem Sinne, eine schwierige Aufgabe zu lösen, zu meistern, sondern in dem Sinne, dass ihr das Leben, euer Dasein »er-füllt«. Es geht um ein Anfüllen, ein Bereichern, ein Stimmigmachen.

Ist es nicht das, was ihr euch wünscht? Ein erfülltes Leben zu haben? So, dass nichts fehlt? So, dass ihr entspannen könnt? So, dass ihr zur Ruhe kommt? Dass euch nichts mehr in Hektik antreibt? Dass ihr nicht länger glaubt, etwas zu verpassen? Dass ihr euch eurer selbst sicher seid? Ich kann den Schleier von euren Augen nehmen. Ich kann euch klar sehen lassen – und euch dann helfen umzusetzen, was euch gezeigt wird, was sich offenbart. Die Angst, die sich in euch aufbauen kann, nehme ich weg, damit euch nichts daran hindert, euer irdisches Vorhaben auszuführen. Damit ihr mit aller Energie an dem arbeiten könnt, was für euch ansteht, um die nächste Stufe in eurer Entwicklung hinaufzusteigen.

Ich bin die Hüterin auf diesem Weg, wenn ihr es wünscht. Eure Hüterin. Ich geleite euch, unterstütze euch, halte alles Hinderliche und Negative von euch fern, wenn ihr es möchtet, damit ihr in Ruhe und unbesorgt vorangehen könnt. Ich halte euch den Rücken frei. Ich stütze euch. Ich ebne euren Weg, wenn ihr einverstanden seid. Darauf kommt es an: auf eure Bereitschaft, auf eure Einwilligung. Den Weg gehen müsst aber ihr. Das kann euch niemand abnehmen. Aber die Weggestaltung könnt ihr beeinflussen.

Bittet mich um Hilfe. Bittet mich darum, euch zur Seite zu stehen und euch zu begleiten. Dann bin ich da und stehe euch mit meiner ganzen Kraft zur Verfügung.

Affirmation

Michaela, ich bitte dich, sei meine Begleiterin, sei die Hüterin meines Weges. Zeige mir, was meine Seele – und damit ich – für dieses Leben als tieferen Sinn gewählt hat. Und wenn ich erkannt habe, was ich als Nächstes tun darf, um mein Ziel zu erreichen, dann nimm mir die Angst und stärke mich. Denn die Erfüllung meines Seelenplanes ist mein höchstes Ziel. Danke!

Isolda

$\mathcal{I}$hr lebt und gestaltet euer Leben nach eurem freien Willen – selbst dann, wenn ihr glaubt, dies nicht zu tun. Die Macht eurer Gedanken bestimmt das Umfeld, in dem ihr aufwachst, in dem ihr euch bewegt und zu leben wählt. Und eure Gedanken und Wertungen fließen nicht nur ins Außen, sondern auch nach innen, in euren Körper. Abwertende Eigenwahrnehmung, negative Selbstbewertung, Kontrolle, Selbstbeschränkung, die immer und immer wieder wiederholt werden, manifestieren sich irgendwann in eurem körperlichen System. Sie setzen sich fest und bilden irgendwann, wenn die Signale des Körpers nicht beachtet werden, ein Energiefeld, eine energetische Äußerung, die ihr als Krankheit bezeichnet.

Eure westliche Kultur hat euch beigebracht, dass eine Krankheit etwas ist, das euch zum Opfer macht, etwas, das ihr erdulden und ertragen oder bekämpfen müsst.

Euch wurde die Eigenverantwortung abgenommen und sogar abgesprochen. Ihr wurdet für nicht kompetent erklärt und habt euch sehr, sehr lange auf das Wissen und die Techniken der sogenannten Mediziner verlassen. Ihr habt euch abhängig machen lassen von einer Autorität, deren Zeit nötig und zweckmäßig war, aber nun langsam vorbei ist.

Natürlich gibt es Segnungen der modernen Wissenschaft, und oft ist sie noch sinnvoll für die Menschen. Doch das Übermaß an Hörigkeit ist in der kommenden Zeit nicht mehr dienlich. Ihr dürft nun wieder erfahren und lernen, dass ihr selbst zu eurer Heilung beitragt. Dass ihr die Ursache für Störungen im eurem körperlichen System seid, aber auch die heilende Wirkung in euch tragt. Dass ihr euch selbst heilen und ganz machen könnt, indem ihr euch selbst unterstützt und Verantwortung für euch übernehmt.

Und um diesen Prozess anzustoßen, in Gang zu bringen, zu durchleben und zu beenden, stehe ich euch zur Seite. Wo immer ein körperliches Problem, eine Beschwerlichkeit in euch aufkommt und sich zum Ausdruck bringt, könnt ihr euch an mich wenden. Ich beantworte euch die Frage, wo die Ursache des Problems liegt. Ich zeige euch, welches Gedankenmuster dem körperlichen Symptom zugrunde liegt. Ich zeige euch den Ursprung der Disharmonie auf.

Dann dürft ihr fragen, wie ihr das Ungleichgewicht wieder ins Gleichgewicht bringen könnt, welcher Gedankenveränderung es bedarf und welches Handeln sich aus dieser gedanklichen Veränderung ergibt. Ich sage euch, welche Möglichkeiten ihr habt. Und der eine große Schlüssel zur Heilung sei hier schon genannt: die Liebe. Die Liebe zu euch selbst. Die Erkenntnis, dass ihr alles sein dürft, ohne dafür bestraft zu werden. Ihr seid das Maß aller Dinge.

Dann gelingt es euch, die Störung in eurem energetischen Feld als das anzusehen, was sie eigentlich ist: eine Ausdrucksform eurer Seele. Weil ihr anders nicht auf sie gehört und euch keine Zeit genommen habt, sie zu hören. Weil so viel anderes zu tun war. Das Leben um und vielleicht auch in euch war zu laut und zu hektisch, als dass ihr auf ihre Signale und Warnzeichen hättet hören können oder wollen. Ihr habt einen anderen Weg eingeschlagen, als eure Seele sich vorgenommen hatte. Ihr habt mehr auf den Verstand gehört als auf euer Gefühl.

Aber es ist ja jeden Tag möglich, die bisherige Lebensweise zu ändern – wenn ihr es euch zugesteht und wenn ihr euch in Liebe und Verständnis für euch akzeptiert. Frei von Selbstvorwürfen. Frei von Selbstverurteilung. Frei von Last, die ihr euch selbst aufbürdet, indem ihr gnadenlos Perfektion von euch verlangt.

Ich helfe euch, die Liebe für euch selbst zu verstärken. Ich zeige euch, wie ihr diese Liebesenergie kanalisieren und durch euren Körper laufen lassen könnt, wie ihr sie mit Heilungsenergie vermischt, so dass dem Feld in eurem Körper die größte Hilfe zukommt, welches es in dem Moment, in dem wir gemeinsam tätig sind, am meisten benötigt.

Dann dankt eurer Seele und eurem Körper, dass sie nicht aufgegeben haben, euch auf den Missstand hinzuweisen, dass sie euch die Möglichkeit gegeben haben, euch zu korrigieren. Und dann dankt euch selbst, eurem Bewusstsein, dass ihr die Herausforderung angenommen habt. Damit werdet ihr wieder zu eurer eigenen Heilerin – auch wenn ihr die Hilfe der modernen Technik annehmt. Verlasst euch jedoch nicht länger nur darauf. Übernehmt wieder Verantwortung für euch selbst, und begleitet jeglichen Heilungsprozess in eigener Anleitung und mit Verständnis für die Ursache.

Affirmation

Die Störung in meinem körperlichen System hat eine Ursache, der ich auf den Grund gehen möchte. Damit ich mich besser verstehen und heilen kann, bitte ich dich, Isolda, mich in meinem Heilungsprozess zu unterstützen und zu begleiten. Führe mich in meine unterbewusste Gedankenwelt, und hilf mir, mich und meine Eigenwahrnehmung zu ändern, damit Körper, Geist und Seele wieder in Einklang gelangen und ich heil und ganz werde. Danke!

Elina

Die Begegnung mit euch und eurem wahren Ich, die daraus erfolgende Selbsterkenntnis und die erforderliche Arbeit an euch erfordert MUT. Nichts ist dunkler als die eigenen Schatten, die ihr in euch findet. Nichts ist tiefer als die eigenen Abgründe, in die ihr hineinblickt, wenn ihr euch traut. Keine Aufgabe erscheint euch größer, schwieriger und fast unlösbar. Das ist das Zurückschrecken vor der eigenen Göttlichkeit – und der damit verbundenen

Verantwortung. Es ist die Frage nach dem »Wer bin ich wirklich?« und die offene, ehrliche Antwort darauf. Das Sortieren der äußeren Verhältnisse, um dann die inneren Verhältnisse zu klären – im wahrsten Sinn des Wortes.

Klärung. Reinigung. Von letzten Verschmutzungsresten befreien. Die feinstofflichen Schwebstoffe transformieren. Traust du dich das? Traust du dir das zu? Ja, wenn du weißt, dass du alles vorbereitet hast. Wenn du dich entschieden hast, deinen eigenen Weg zu gehen. Wenn du dir darüber klar bist, dass nur du dein Leben ändern kannst. Wenn du weißt, dass es nur ein Vorwärts, aber kein Zurück mehr gibt.

Dann bitte mich um meine Hilfe. Denn ich kann dir den Mut geben, den du brauchst, um nicht stecken zu bleiben, um weiterzugehen, auch wenn alles um dich finster zu sein scheint, auch wenn du dich alleine fühlst.

Mut ist die Kraft des Herzens, die dich dazu bringt, über dich selbst hinauszuwachsen – darüber hinaus, was du selbst von dir gedacht hast, über die Grenzen, die du dir selbst gesetzt hast. Mut ist Selbstüberwindung. Er erfordert die Auseinandersetzung mit sich selbst. Meist findet eine Art Ringkampf statt. Dein Ego ringt mit der Essenz deines wahren Seins. Und ich bin die Trainerin, die deiner wahren Essenz hilfreich zur Seite steht, sie anfeuert und ihr Kraft gibt, sich hervorzuheben, dem Ego die Stirn zu bieten und sich dagegen zu behaupten. Ich helfe dir, dein Herz groß und weit werden zu lassen, um es dann mit Stärke anzufüllen, die du brauchst, um deinen stärksten Gegner zu überwinden – dich selbst.

Dann bist du zu Taten, Sichtweisen, Verhaltensänderungen fähig, die du dir nicht zugetraut hättest. Um was auch immer es sich handeln mag, wozu du Mut benötigst – ich bin da. Und wenn du dich mutig dem Thema deiner Wahl gestellt hast, wenn du gespürt hast, welche Kräfte in dir wohnen, wozu du alles in der Lage bist – dann wird sich in dir eine große Freude ausbreiten. Eine innere Zufriedenheit wird sich einstellen. Zufriedenheit mit dir! Dann erlebst du Glücksgefühle darüber, dass du deine Grenze überschritten und erfahren hast, dass du es beim nächsten Thema auch schaffst.

Aus diesem Gefühl heraus kannst du dich dann deinem Ego zuwenden und ihm zeigen, dass weder du noch es selbst in Gefahr geraten sind. Dass sogar im Gegenteil eure Unverletzlichkeit gewachsen ist. Dass eine Überwindung deiner inneren Grenzen inneres Wachstum zur Folge hat und eine Stärkung des Selbstvertrauens. Denn darum geht es doch letztlich: um das Vertrauen in euch und eure Stärke. Um das Bewusstwerden eurer unermesslichen Schöpferkraft. Um die Unendlichkeit eurer Möglichkeiten und des Potenzials, das in euch steckt.

Mut setzt Energien frei, die ihr gut verborgen habt, die aber jederzeit zur Verfügung stehen, wenn ihr sie braucht und nutzen wollt. Mut eröffnet euch die Möglichkeit, euch in einem neuen Licht zu sehen und euch euren Ängsten zu stellen und sie zu bewältigen. Er ist eine Kraft, die in euch wohnt und die ich in euch verstärken kann, wenn ihr es möchtet.

Affirmation

Elina, ich bitte dich, zu mir zu kommen – jetzt, da ich deine Unterstützung besonders brauche, um mich einer bestimmten Situation, einem bestimmten Menschen, einem bestimmten Entschluss zu stellen und die Lage zu meistern. Lass mich die Kraft des Mutes in jeder Zelle meines Herzens und Körpers spüren, damit ich furchtlos mein Vorhaben, mein Ziel erreiche. Hilf mir, meine mir selbst gesteckten Grenzen zu übertreten und hinter mir zu lassen. Danke!

Nike

Schwestern, ihr erfüllt mich mit Stolz! Wenn ihr bis hierhin gekommen seid, wenn ihr euch auch nur einer der Botschaften meiner und eurer Mitgöttinnen gestellt, sie angenommen und den Kontakt zu uns eigenständig wiederhergestellt habt, dann habt ihr allen Grund, euch zu feiern! Dann heiße ich euch in unseren Reihen willkommen, aus denen ihr euch gedanklich entfernt, die ihr aber nie wirklich verlassen habt. Willkommen zurück, weil ihr euch der Rückkehr und Rückverbindung nun bewusst seid!

Lasst euch in die Arme schließen. Lasst mich euch meine Freude kundtun! Denn es ist nicht selbstverständlich, dass ihr euch auf den Weg zu euch selbst begebt. Dass ihr die Schmerzen und Grenzen erkennt, die mit eurem Verständnis von Weiblichkeit verbunden waren, um sie hinter euch zu lassen und um euer Leben neu zu definieren und zu gestalten.

Ist es euch peinlich, euch feiern zu lassen? Seid ihr es nicht gewohnt, zum Mittelpunkt gemacht und im strahlenden Glanz des Sieges bejubelt zu werden? Dann fehlt noch ein kleines Stück zur vollkommenen Eigenakzeptanz. Dann muss euer Selbstwertgefühl noch weiter gesteigert werden.

Doch vergesst nicht, eure Etappensiege zu würdigen! Vergesst nicht, dass ihr euch aus eigener Kraft und Verantwortung in euer Wachstum, euren Fortschritt, zu eurem Erfolg bringt! Ihr allein – auch oder gerade wenn ihr dafür die Hilfe der geistigen Welt in Anspruch genommen habt und nehmt. Jeder Schritt, den ihr nach vorne macht, ist ein Erfolg. Jedes Stück, jedes Detail, das ihr an euch, für euch wiederentdeckt, ist ein Erfolg. Jede Überwindung von Angst ist ein Erfolg.

Ihr seid Siegerinnen! Und als Göttin des Sieges verleihe ich jeder von euch einen Kranz aus Licht, um euch daran zu erinnern, was in euch steckt. Als Anerkennung und Würdigung eures Dienstes an euch selbst. Und ich helfe euch gerne zu üben, euch selbst zu loben. Ich helfe euch dabei, jeden eurer Erfolge zu verinnerlichen und zu feiern. Ich beflügele euch und inspiriere eine jede zu einem persönlichen Triumphzug. Denn ihr habt euch selbst wiederentdeckt. Ihr habt euch entwickelt. Ihr seid euch eurer Weiblichkeit und der daraus resultierenden Stärken wieder bewusst geworden. Ihr seid Göttinnen, Schöpferinnen, Meisterinnen eures Daseins, und eure wahre Essenz ist verehrungswürdig in ihrer unendlichen Größe – über Zeit und Raum hinaus.

Affirmation

Ich bitte dich, Nike, mir zu helfen, meine eigene Göttlichkeit anzunehmen und zu verstehen. Den Sieg über mein Ego und meine eigenen Beschränkungen verdanke ich mir, und ich trage zur Erinnerung daran einen Kranz aus Licht. Ich feiere und lobe die Wiedergeburt meiner weiblichen Urkraft.

ie Autorin

1968 wurde Corinna F. Thiel in Düsseldorf geboren und wuchs dort auf. Sie studierte mit dem Abschluss Magister Artium an der Heinrich-Heine-Universität Düsseldorf Neuere Deutsche Philologie und Medienwissenschaften.

Nach dem Studium begann sie als Bildredakteurin bei einer deutschen Tageszeitung. Durch die Erfahrungen in einem von Zeitdruck geprägten Arbeitsumfeld und dessen Einfluss auf die Menschen, die ihm ausgesetzt sind, wuchs ihr Interesse an energetischer Körperarbeit. So erhielt sie die Einweihungen in die ersten beiden Reiki-Grade. Als weitere

Methoden lernte sie Quantum Touch und Magnified Healing kennen.

Ihre Ausbildung zum Channel machte Corinna F. Thiel im Jahr 2008. Seit 2009 bietet sie neben der energetischen Körperarbeit Channelings für andere Personen an.

Im April 2013 hat sie die Ausbildung zur Weitergabe der Munay-Ki-Riten in der Tradition der peruanischen Inka-Schamanen abgeschlossen.

Weiterführende Informationen zu
Büchern, Autoren und den Aktivitäten
des Silberschnur Verlages erhalten Sie unter:
www.silberschnur.de

Natürlich können Sie uns auch gerne den
Antwort-Coupon aus dem beiliegenden
Lesezeichenflyer zusenden.

Ihr Interesse wird belohnt!

192 Seiten, broschiert
ISBN 978-3-89845-392-9
€ [D] 14.95

Ines Witte

Lebe aus der Kraft deiner Mitte

Aufgestiegene Meister zeigen dir den Weg

Der Aufgestiegene Meister Konfuzius führt dich auf den Weg zu einem intensiven Kontakt mit dir selbst und zu einer inneren Balance, die dir Harmonie, Gelassenheit und Zufriedenheit schenkt. Konfuzius hilft dir beim Erkennen des göttlichen Plans, beim Gewinn von Wissen und bei der Entfaltung deines eigenen Potenzials. Seine Channelings und Meditationen unterstützen dich darin, die Verbindung zur Kraft deiner Mitte wiederherzustellen und zu pflegen.

So wirst du schon bald das Höhere Selbst als wissenden Ratgeber in dein alltägliches Leben und in anstehende Entscheidungen einbeziehen.

In diesem wunderbaren Buch reicht dir der Meister des gelben Strahls die Einsichten wie kostbare Perlen an die Hand und macht dir Mut, das eigene Herz und die eigene Weisheit zu leben.

192 Seiten, broschiert
ISBN 978-3-89845-393-6
€ [D] 14.95

Gabriele ~ Saskia Drungowski

Das Beste für dich

Der Weg vom Unbewussten zum Bewussten

Öffnen Sie die Tür zu Ihren innersten Räumen, in denen Sie Erstaunliches über sich selbst und Ihre Beziehungen erfahren. Dieses Wissen hilft Ihnen, sich selbst wahrhaft zu erkennen und zu verstehen, dass Sie verantwortlich für Ihr Leben sind. Mit diesem Verständnis können Sie nicht nur Ihr eigenes Leben in die Hand nehmen, sondern auch die Welt verändern.

Die praktischen Anleitungen, Übungen und Meditationen in diesem Buch unterstützen Sie zu begreifen, wer Sie eigentlich sind. Dank dieses Wissens stehen Sie am Anfang einer ungeahnt tiefen Bewusstheit, die alles umfasst, was Sie für Ihr Leben und Ihren eigenen Weg benötigen.

216 Seiten, Klappenbr.
ISBN 978-3-89845-345-5
€ [D] 14,90

Sharon Salzberg

Das Handbuch der Achtsamkeit und Güte

Dieses Buch, das nicht umsonst auf den US-Bestsellerlisten stand, ist eine Einladung, mit Eigenschaften wie liebevoller Güte und Achtsamkeit zu experimentieren. Sicherlich kennen Sie Situationen, in denen Sie allmählich ungeduldig werden, wenn Sie beispielsweise versuchen, jemandem zu helfen, oder Sie ärgern sich über das laute Klingeln eines Handys ... Was wäre normalerweise Ihre erste Reaktion? Gelassenheit oder Groll?

Die Erfolgsautorin Sharon Salzberg zeigt dem Leser, wie wir für uns selbst und unsere Mitmenschen Güte und Achtsamkeit entwickeln können. Die im Buddhismus geschulte Autorin führt uns mit der sanften Stärke der Zuversicht und Inspiration auf den Weg zu einem Leben voller Freude und innerem Frieden.

240 Seiten, Klappenbr.
ISBN 978-3-89845-336-3
€ [D] 14,90

Carly Newfeld

Der inneren Führung vertrauen

Botschaften aus Findhorn

Dieses wertvolle Buch erkundet die vielen Möglichkeiten, um spirituelle Führung zu erhalten und auf unsere Intuition zu hören sowie beiden achtsam und freudig zu folgen. In aufschlussreichen Schilderungen und spritzigen Dialogen erzählt Carly Newfeld Geschichten von Menschen, für die innere Führung und Intuition wie selbstverständlich zum Alltag gehören.

Die Autorin zeigt uns, wie dank der inneren Führung von Eileen Caddy, Dorothy Maclean und Peter Caddy die Findhorn-Gemeinschaft entstand. Später nimmt sie uns mit zu sich nach Hause und auf Abenteuer, in denen wir schillernden Persönlichkeiten und ganz normalen Leuten begegnen, die uns zeigen, welche vielfältigen Formen innere Führung annehmen kann.

Dirk Thomas

Botschaften der Waldfeen

Die reinigende Kraft der Natur

Feen – diese zauberhaften Wesen aus der Welt der Märchen wandeln wahrhaftig in unserer Welt. Wenn wir unser Herz wieder der Natur öffnen und die Kräfte der Natur in uns aufnehmen, können wir ihnen begegnen.

Dana, die Feenkönigin des Waldes, geleitet uns in diesem Buch in ihre Welt. Sie zeigt uns, wie wir unserem eigentlichen, göttlichen Wesen wieder näherkommen. Schritt für Schritt begleitet Dana uns zu unserer inneren Weisheit und erklärt dabei auch die Gesamtzusammenhänge unseres energetischen Umfeldes, um uns endlich als Teil der gesamten göttlichen Ordnung wiederzufinden. Wer den lichtvollen Hinweisen folgt und die versöhnliche Hand der Fee ergreift, steht am Ende des Buches vor einem bedeutenden Schritt: dem Weg in den eigenen Garten Eden ...

176 Seiten, broschiert
ISBN 978-3-89845-399-8
€ [D] 14,95

Gabriele Weck

Entdecke den Engel in dir

Dieses außergewöhnliche und spannende Engelbuch zeigt, wie einfach es sein kann, die Leichtigkeit in sich selbst wiederzufinden. Eigentlich existieren viele Probleme nur, weil man sich nicht vorstellen kann, dass es eine simple Lösung gibt.

Mit vielen Praxisbeispielen, Erfahrungsberichten und Übungen führt dieses Buch dich dahin, Leichtigkeit und Schwung zu tanken und darüber zu staunen, wie einfach und schön das Leben sein kann, wenn man wieder an sich selbst und an seine Impulse glaubt. Der Engel in dir führt dich sicher wie ein Navigationssystem, so dass du deinen eigenen Weg zur Verwirklichung deiner Wünsche findest.

256 Seiten, broschiert
ISBN 978-3-89845-325-7
€ [D] 14,90

Fritz Weber

Finde, was dir dein Partner nicht geben kann

In unserer Partnerschaft sind wir oft gefangen in unerfüllten Sehnsüchten und benutzen einander, um uns scheinbar besser und glücklicher zu fühlen. Damit versuchen wir unbewusst, von der Energie des anderen zu leben, statt in uns selbst die wahre Quelle der Erfüllung zu finden und unser Lebensglück selbstverantwortlich in die Hand zu nehmen.

Fritz Weber lädt uns zu einer spannenden Wandlungsreise zu unserem eigenen, großartigen Potenzial an Liebe, an Glücksfähigkeit und damit auch an neuer Freude am Leben ein. Sein Buch ist kein üblicher Beziehungsratgeber, sondern ein Weg zur Heilung und Erfüllung unserer tiefen Sehnsucht nach Liebe.

160 Seiten, broschiert
ISBN 978-3-89845-413-1
€ [D] 12,95

Vadim Zeland

Transsurfing in 78 Tagen
Die Kunst der Realitätssteuerung

Transsurfing ist eine mächtige Technik zur Realitätssteuerung, mit der jeder die Möglichkeit hat, die Realität nach Belieben zu lenken.

Das Basiswissen zu Transsurfing fasst Vadim Zeland hier in 78 Schritten zusammen und bietet damit ein Buch, das die Grundlagen der Realitätssteuerung verständlich erklärt. Dieses Wissen ist notwendig, um zu erkennen, dass die Realität nicht festgeschrieben ist. Jeder Mensch kann zu jeder Zeit den für sich richtigen Weg wählen, um sein Ziel zu erreichen und selbst entscheiden, welche Ereignisse in seinem Leben stattfinden werden und welche nicht.

216 Seiten, broschiert
ISBN 978-3-89845-377-6
€ [D] 14,90